école - sukuu	2
voyage - akwantuo	5
transport - ɛhyɛn	8
ville - kuropɔn	10
paysage - asaase	14
restaurant - adidibea	17
supermarché - dwakɛseɛmu	20
boissons - nsa	22
aliments - aduane	23
ferme - afuo	27
maison - efie	31
salle de séjour - ɛdan a wɔtena mu	33
cuisine - gyaade	35
salle de bains - adwareɛ	38
chambre d'enfant - abɔfra dan mu	42
vêtements - ataadeɛ	44
bureau - ɔfise	49
économie - sikasem	51
professions - nnwuma ahodoɔ	53
outils - akadeɛ	56
instruments de musique - mfidie a wɔde bɔ nnwom	57
zoo - mmoakurabea	59
sports - agokansie	62
activités - dwumadie ahodoɔ	63
famille - abusua	67
corps - nipadua	68
hôpital - asopiti	72
urgence - putupru	76
Terre - Ewiase	77
heure - mmerɛ kyerɛfoɔ	79
semaine - nnawɔtwe	80
année - afe	81
formes - bɔbea	83
couleurs - ahosuo	84
opposés - abirabɔ	85
nombres - nɔma	88
langues - kasa ahodoɔ	90
qui / quoi / comment - hwan/aden/ sɛn	91
où - hefa	92

Impressum
Verlag: BABADADA GmbH, Nedderfeld 112 , 22529 Hamburg
Geschäftsführer / Verlagsleitung: Harald Hof
Druck: Books on Demand GmbH, In de Tarpen 42, 22848 Norderstedt

Imprint
Publisher: BABADADA GmbH, Nedderfeld 112 , 22529 Hamburg, Germany
Managing Director / Publishing direction: Harald Hof
Print: Books on Demand GmbH, In de Tarpen 42, 22848 Norderstedt

école
sukuu

- salle de classe — adesua dan mu
- diviser — kyɛmu
- tableau — bɔɔdo
- cour d'école — sukuu asaase
- enseignant — ɔkyerɛkyerɛni
- papier — krataa
- écrire — twerɛ
- stylo — twerɛdua
- bureau de travail — pono
- règle — susudua
- livre — nwoma
- écolier — sukuuni

sac d'écolier
baage

trousse
adeɛ wɔde twerɛdua hyɛ mu

crayon
twerɛdua

taille-crayon
adea wɔde sensene twerɛdua ano

gomme à effacer
rɔba

bloc de papier à dessin
drɔɔwin nkrataa

dessin
drɔɔwin

pinceau
adeɛ a wɔde bɔ akaadoo mu

boîte de peintures
akaadoo adaka

ciseaux
apasoɔ

colle
aduro a wɔde sɔ nnooma bɔ mu

cahier d'exercices
krataa wɔyɛ dwumadie wɔ mu

devoirs
efie adwuma

chiffre
nɔma

additionner
ka bom

soustraire
te frim

multiplier
fabaho

calculer
bo ho nkonta

lettre
atwerɛdeɛ

alphabet
atwerɛdeɛ

mot
asɛm

école - sukuu

texte
atwerɛ

lire
kan

craie
chalk

leçon
adesua

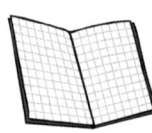
le cahier de notes
krataa a din ahodoɔ wɔ mu

examen
nsɔhwɛ

certificat
nimdeɛ krataa

uniforme scolaire
sukuu ataadeɛ

éducation
adesua

encyclopédie
encyclopedia

université
suapon kɛseɛ

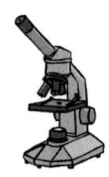
microscope
afidie a wɔde hwɛ adeɛ
aniwa ntumi nhunu

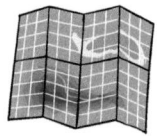
carte
asaase mfonin a ɛwɔ krataa
so

corbeille à papier
kɛntɛn a wɔde krataa na ayɛ
a wɔde nwura gu mu

école - sukuu

voyage
akwantuo

hôtel
ahomegyebea

auberge
atenaeɛ

bureau de change
baabi aa yɛsesa

valise
baage a wɔde nnooma gu mu

voiture
kaa

langue
kasa

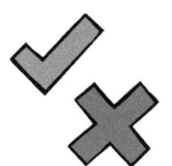

oui / non
aane / daabi

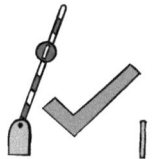

Okay
Yoo

Allo!
hɛlo

traducteur
deɛ wɔkyerɛkyerɛ kasa ase

Merci
Medaase

voyage - akwantuo

Combien coûte...?
... ɛyɛ sɛn?

Je ne comprends pas
Menteaseɛ

problème
ɔhaw

Bonsoir !
Maadwo!

Bonjour !
Maakye!

Bonne nuit !
Da yie!

bye bye
nante yie

direction
akwankyerɛ

bagages
nnooma a wɔde tu kwan

sac
kɔtɔkuo

sac à dos
baage a yɛde bɔ yakyi

invité
ɔhɔhoɔ

pièce
dan mu

sac de couchage
bag a yɛda mu

tente
ntomadan

voyage - akwantuo

bureau d'information touristique
adesrafoɔ nsɛm

plage
po ano

carte de crédit
krɛdit kaade

déjeuner
anopa aduane

dîner
awia aduane

souper
anwumerɛ aduane

billet
tikiti

ascenceur
pagya

timbre
agyinahyɛdeɛ

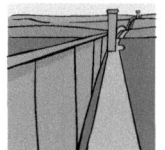

frontière
ɛhyeɛ

douane
adwumayɛfoɔ a wɔgyina aman mmienu hyeɛ so

ambassade
ɔman bi asoeɛ

visa
akwantuo krataa

passeport
akwantuo krataa

voyage - akwantuo

transport
ɛhyɛn

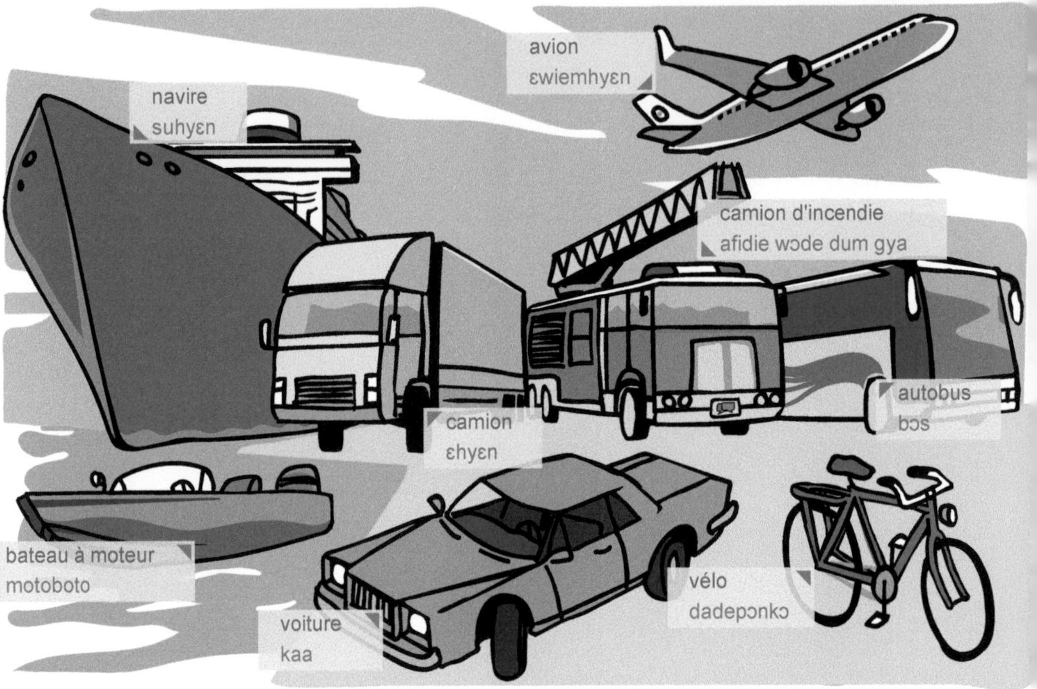

avion
ɛwiemhyɛn

navire
suhyɛn

camion d'incendie
afidie wɔde dum gya

autobus
bɔs

camion
ɛhyɛn

bateau à moteur
motoboto

vélo
dadepɔnkɔ

voiture
kaa

traversier
subonto

bateau
suhyɛn

motocyclette
dadepɔnkɔ

voiture de police
apolisifoɔ kaa

voiture de course
kaa a wɔde si akan

voiture de location
hyɛn aa yɛ hain

transport - ɛhyɛn

autopartage
kaa a wɔde ma obi de di dwuma

dépanneuse
kaa a wɔde twe ɛhyɛn a asɛe

camion à ordures
bɔɔla kaa

moteur
moto

carburant
ngo

station-service
beaɛ a wɔtɔn pɛtro

panneau de signalisation
trafik ahyɛnsodeɛ

circulation
trafik

embouteillage
ɛhyɛn ntumi nkɔ ntɛm

parc de stationnement
kaa gyinabea

gare
keteke steshin

voies ferrées
ketekye kwan

train
ketekye

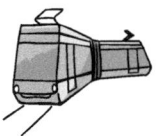

tramway
ketekye

wagon
afidie a wɔtena mu wɔ wiem tu kwan

transport - ɛhyɛn

hélicoptère
ewiemhyɛn

aéroport
dadeɛanoma gyinabea

tour
dan tentene

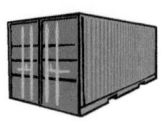

passager
obi a wɔforo hyɛn

conteneur
adaka

boîte en carton
adaka

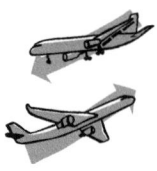

chariot
teaseɛnam

panier
kɛntɛn

décoller / atterrir
tu / si fam

ville
kuropɔn

village
akurase

centre-ville
kuropɔn hyiabea

maison
efie

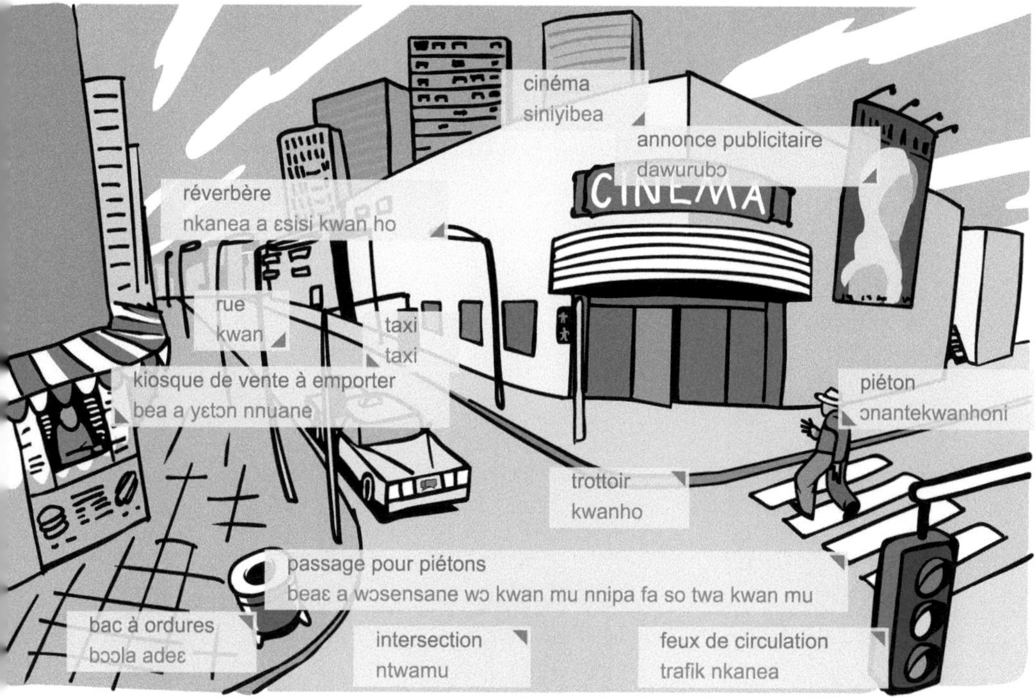

cinéma
siniyibea

annonce publicitaire
dawurubɔ

réverbère
nkanea a ɛsisi kwan ho

rue
kwan

taxi
taxi

kiosque de vente à emporter
bea a yɛtɔn nnuane

piéton
ɔnantekwanhoni

trottoir
kwanho

passage pour piétons
beaɛ a wɔsensane wɔ kwan mu nnipa fa so twa kwan mu

bac à ordures
bɔɔla adeɛ

intersection
ntwamu

feux de circulation
trafik nkanea

cabane
ntaabodan

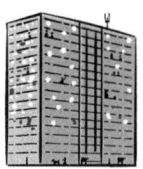

appartement
tenabea

gare
keteke steshin

hôtel de ville
kurom nhyiadanmu

musée
mesiɔm

école
sukuu

ville - kuropɔn

université
suapon kɛseɛ

banque
sikakorabea

hôpital
asopiti

hôtel
ahomegyebea

pharmacie
beaɛ a wɔtɔn nnuro

bureau
ɔfise

librairie
beaɛ a wɔtɔn nwoma

magasin
beaɛ a wɔtɔn adeɛ

fleuriste
nhwiren kuani

supermarché
dwakɛseɛmu

marché
dwamu

grand magasin
asoeɛ sotɔɔ

poissonnerie
nnam tɔnfo

centre commercial
adetɔ beae

port
suhyɛn gyinabea

parc
agodibea

banc
akɔnnwa

pont
nsamsoɔ

escaliers
adeɛ wɔee foro aborosan

métro
asaasease

tunnel
tɔkuro a w'atu no asaase mu de ayɛ kwan

arrêt d'autobus
ɛhyɛn gyinabea

bar
nsanombea

restaurant
adidibea

boîte à lettres
krataa adaka

plaque de rue
kwan ahyɛnsodeɛ

parcomètre
kaagyinaho meta

zoo
mmoakurabea

bains publics
nsuo a wɔdware mu

mosquée
masalakyi

ville - kuropɔn

ferme	pollution	cimetière
afuo	ewiem sɛeɛ	nsamanpɔ mu

église	aire de jeux	temple
asore	agodibea	hyiadan

paysage
asaase

- feuille — ahaban
- panneau indicateur — akyerɛkyerɛkwan
- chemin — kwan
- pré — sare asaase
- pierre — boba
- arbre — dua
- randonneur — pipo so foronii
- rivière — asubɔntene
- herbe — nsensan
- fleur — nhwiren

vallée
ɛbon

colline
bepɔ

lac
sutadeɛ

forêt
kwaeɛ

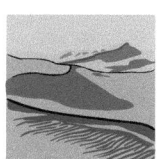

désert
ɛserɛ so

volcan
egya a ɛfiri bepɔ mu ba

château
ahenfie

arc-en-ciel
nyankontɔn

champignon
mmire

palmier
abɛdua

moustique
ntontom

mouche
wasena

fourmi
ntatea

abeille
wowa

araignée
ananse

paysage - asaase

scarabée
kukurubibi

grenouille
apɔnkyerɛnee

écureuil
opuro

hérisson
kotoko

lièvre
adanko

chouette
patuo

oiseau
anomaa

cygne
dabodabo

sanglier
kɔkɔte

cerf
wansane

orignal
torɔm

barrage
sutadeɛ

éolienne
mframa tɛɛbain

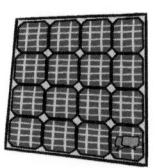

panneau solaire
adeɛ ɛtwe anyinam ahoden firi awia mu

climat
ewiem

paysage - asaase

restaurant
adidibea

serveur
barima a wɔsom wɔ beaɛ a wɔtɔn aduane

menu
nctom aduane ahodoɔ wɔtɔn

chaise
akonwa

soupe
nkwan

pizza
pizza

coutellerie
atere ne nsikan a wɔde didie

nappe
ntoma a wɔde kata ɛpono so

hors-d'œuvre
ahyɛaseɛ

plat principal
aduane titriw

dessert
nnɔkɔnnɔkwade

boissons
nsa

aliments
aduane

bouteille
toa

restaurant - adidibea

restauration rapide
aduane wɔyɛ no ɔhare so

cuisine de rue
aduana a ɛyɛ kwan ho

théière
tea kukuo

sucrier
asikyire kyɛnsen

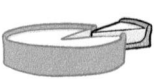
part
fa

machine à expresso
espresso afidie

chaise haute d'enfant
akonwa tenten

facture
ka krataa

plateau
apanpan

couteau
sikanmoa

fourchette
adinam

cuillère
atere

cuillère à thé
tea atere

serviette
ntoma a wɔde sɛ pono so

verre
ahwehwɛ

restaurant - adidibea

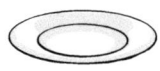

assiette
plɛɛte

assiette creuse
nkwan plɛɛte

soucoupe
plɛte ketewa

sauce
frɔyɛ

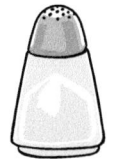

salière
nkyene kukuo

moulin à poivre
adeɛ a wɔde twi mako

vinaigre
vinegar

huile
anwa

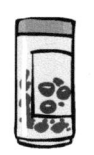

épices
atosodeɛ

ketchup
ketchup

moutarde
sinapi aba

mayonnaise
mayonis

supermarché
dwakɛseɛmu

offre spéciale
akwanya soronko

client
obi a wɔtɔ wadeɛ

produits laitiers
milikyi nnuane

fruit
nnuaba

tɔ adeɛ pia berɛ a wɔretɔ adeɛ

boucherie

nnamtwafo

boulangerie

brodotofo

peser

susu

légumes

atosodeɛ

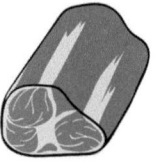

viande

nnam

aliments congelés

aduane a wɔde ahyɛ
sukɔtwea adaka mu

supermarché - dwakɛseɛmu

viandes froides
nnam a yɛy nwunu

conserves
nnuane a ɛwɔ konku mu

détergent à lessive en poudre
aduro a wɔde si nnooma

sucreries
adɔkɔkɔdɔkɔdeɛ

produits d'entretien ménager
efie nnooma

produits d'entretien
nnuro a wɔde hohoro nnooma ho

vendeuse
adetɔni

caisse
adeɛ a wɔgye sika de gu mu

caissier
obi a wɔhwɛ sika so

liste de provisions
nnooma a wobɛtɔ

heures d'ouverture
mmerɛ a ɔmo de bue

portefeuille
kɔtɔkuo

carte de crédit
krɛdit kaade

sac
bɔtɔ

sac plastique
rɔba bɔtɔ

supermarché - dwakɛseɛmu

boissons
nsa

eau
nsuo

jus
aduaba mu nsuo

lait
milikyi

cola
coke

vin
nsa

bière
beer

alcool
nsaden

cacao
kookoo

thé
tea

café
kɔfe

expresso
espresso

cappuccino
cappuccino

aliments
aduane

banane
kwadu

pomme
aprɛ

orange
akutuo

melon d'eau
mɛlon

citron
akutuo

carotte
karɔt

ail
galeke

bambou
mpampuro

oignon
gyeene

champignon
mmire

noix
nkateɛ

nouilles
talia

spaghettis	riz	salade
talia	ɛmo	salad

frites	pommes de terre sautées	pizza
kyips	aborodwomaa w'akye	pizza

hamburger	sandwich	escalope
hamburger	sandwich	ntwetwade

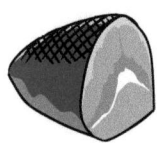

jambon	salami	saucisse
prɛko nam	salami	sɔsegye

poulet	rôti	poisson
akokɔnam	toto	nsuomunam

aliments - aduane

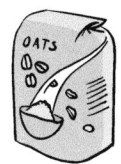

gruau d'avoine

oats koko

muesli

muesli

flocons de maïs

cornflakes

farine

esam

croissant

croissant

petit pain

brodo a yaboboɔ

pain

brodo

rôtie

ho

biscuits

biskit

beurre

bɔta

caillé

koko

gâteau

ɔfam

œuf

kosua

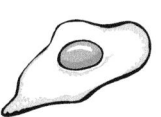

œuf miroir

kosua a yakye

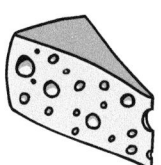

fromage

kyeese

aliments - aduane

crème glacée
ise krim

sucre
asikyire

miel
ɛwoɔ

confiture
ɛam

crème de nougat
kyɔkolate a wɔde yɛ aduane mu

cari
kɔri

ferme
afuo

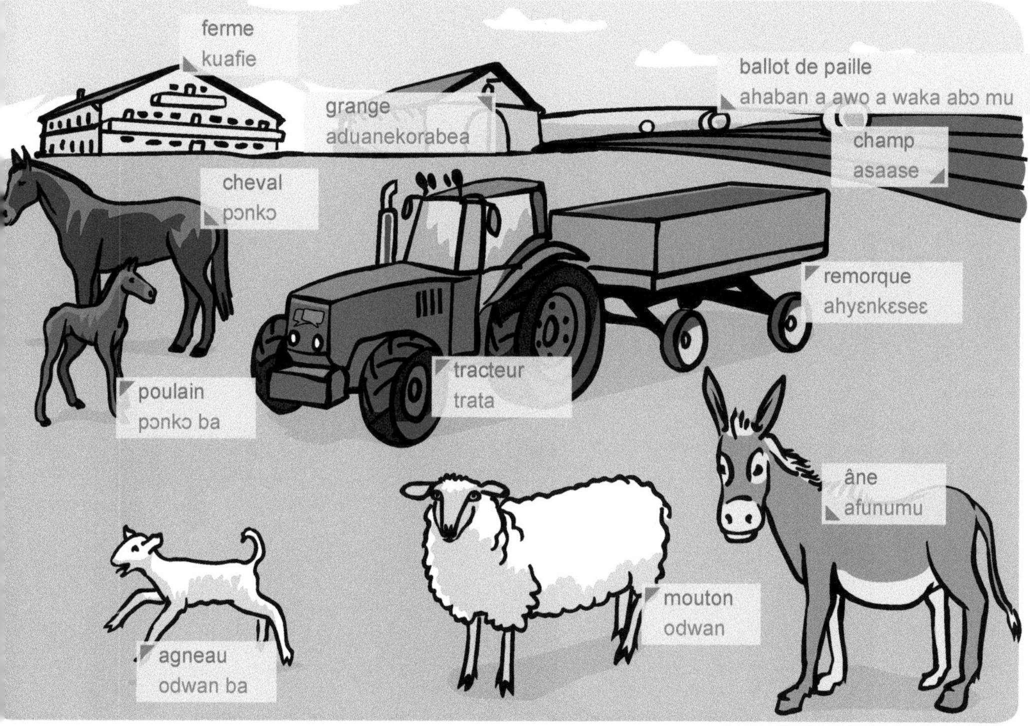

ferme / kuafie
grange / aduanekorabea
ballot de paille / ahaban a awo a waka abɔ mu
champ / asaase
cheval / pɔnkɔ
remorque / ahyɛnkɛseɛ
tracteur / trata
poulain / pɔnkɔ ba
âne / afunumu
mouton / odwan
agneau / odwan ba

chèvre
apɔnkye

vache
nantwie

veau
nantwie ba

porc
prɛko

porcelet
prɛko ba

taureau
nantwinini

oie
dabodabo

canard
dabodabo

poussin
akokɔba

poule
akokɔbedeɛ

coq
akokɔnini

rat
akura

chat
agyinamoa

souris
akura

bœuf
nantwi

chien
ɔkraman

niche
kramanfie

tuyau d'arrosage
drobɛn a wɔde nsuo fa mu gugu nnɔɔma so

arrosoir
toa wɔde nsuo gu mu de gugu nnɔɔma so

FALSE
kantankrankyi

charrue
afidie a wɔde funtum asaase ani

ferme - afuo

faucille
sɔsɔwa

binette
asɔ

fourche à foin
fɔɔki kɛseɛ

hache
akuma

brouette
hweebaro

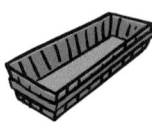

auge
adea mmoa didi mu

pot à lait
milikyi konku

grand sac
kotoku

clôture
ɛban

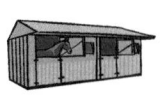

écurie
mmoa dan

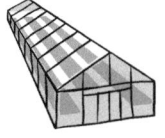

serre
nnuaba dan mu

sol
anwea

graines
aba

engrais
nnuro a wɔde gu mfudeɛ ho

moissonneuse-batteuse
nnuanetwa kaa kɛse

ferme - afuo

récolter
twa

récolte
mfudeɛ

igname
bayerɛ

blé
ayuo

soja
soya

pomme de terre
aborɔdwomaa

maïs
aburo

graine de colza
rapedua aba

arbre fruitier
aduaba dua

manioc
bankye

grains
aburo aduane

ferme - afuo

maison
efie

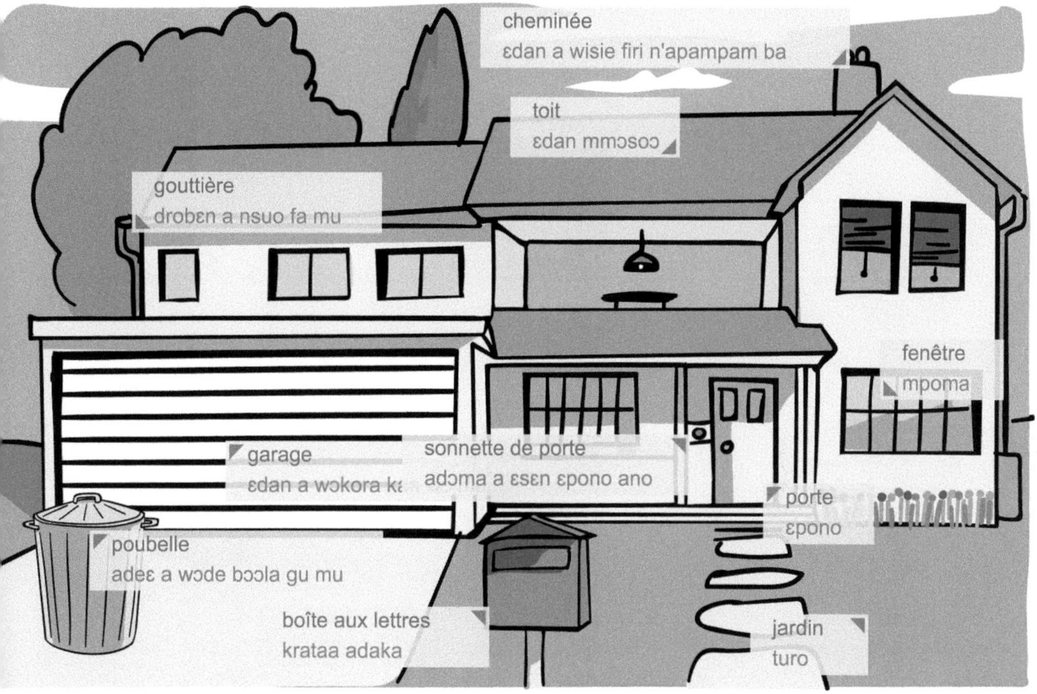

cheminée
ɛdan a wisie firi n'apampam ba

toit
ɛdan mmɔsoɔ

gouttière
drobɛn a nsuo fa mu

fenêtre
mpoma

garage
ɛdan a wɔkora kɑ

sonnette de porte
adɔma a ɛsɛn ɛpono ano

porte
ɛpono

poubelle
adeɛ a wɔde bɔɔla gu mu

boîte aux lettres
krataa adaka

jardin
turo

salle de séjour
ɛdan a wɔtena mu

salle de bains
adwareɛ

cuisine
gyaade

chambre à coucher
piam

chambre d'enfant
abɔfra dan mu

salle à manger
ɛdan a wɔdidi wɔ mu

maison - efie

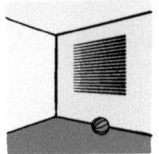

plancher
fam

mur
ɛban

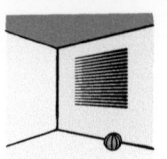

plafond
siilin

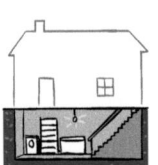

cellier
ɛdan a ɛhyɛ fam

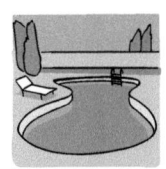

sauna
beaɛ a wɔkɔto hyew

balcon
pɔɔkye

terrasse
asaase a wafuntum na wɔde dua nnɔbaeɛ

piscine
nsuo a wɔdware mu

tondeuse à gazon
afidie a wɔde dɔ

drap
krataa

jeté de lit
nnasoɔ

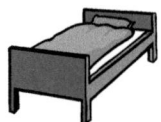

lit
mpa

balai
praeɛ

seau
bɔkiti

interrupteur
deɛ wɔde sɔ kanea

maison - efie

salle de séjour
ɛdan a wɔtena mu

- papier peint / mfonin a wɔde fam dan ho
- tableau / mfoni
- lampe / kanea
- étagère / beaɛ wɔkora nwoma
- armoire / kɔbɔd
- foyer / beaɛ egya wɔ
- télévision / tɛlɛfishin
- fleur / nhwiren
- coussin / kushin
- vase / nhwiren toa
- sofa / akonwa
- télécommande / remotu

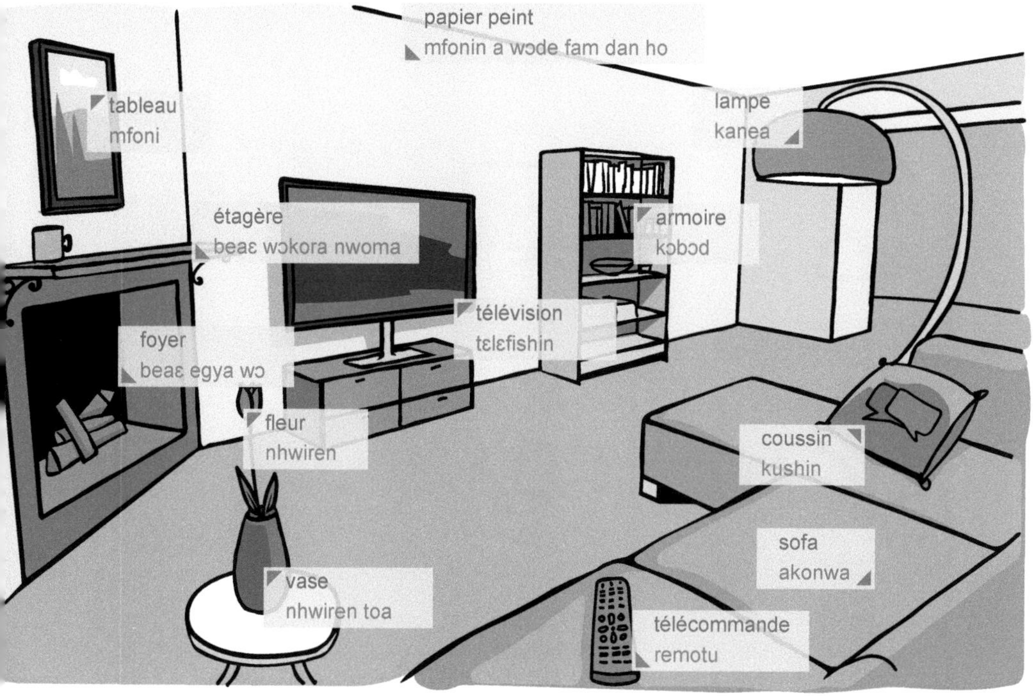

tapis
kapɛt

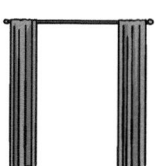

rideau
kɛtin

table
pono

chaise
akonwa

berceuse
akonwa aa ɛkɔ anim ne akyi

fauteuil
nsaakonwa

salle de séjour - ɛdan a wɔtena mu

livre
nwoma

couverte
kuntu

décoration
beaɛ asiesie

bois de chauffage
egya

film
mfoni

chaîne hi-fi
hi-fi afidie

clé
safoa

journal
dawurubɔ krataa

peinture
akaado

affiche
mfoni

radio
akasanoma

bloc-notes
nwoma a wɔtwerɛ nsɛmpɔ gu mu

aspirateur
afidie a wɔde pra mfuturo

cactus
cactus

chandelle
kandele

salle de séjour - ɛdan a wɔtena mu

cuisine
gyaade

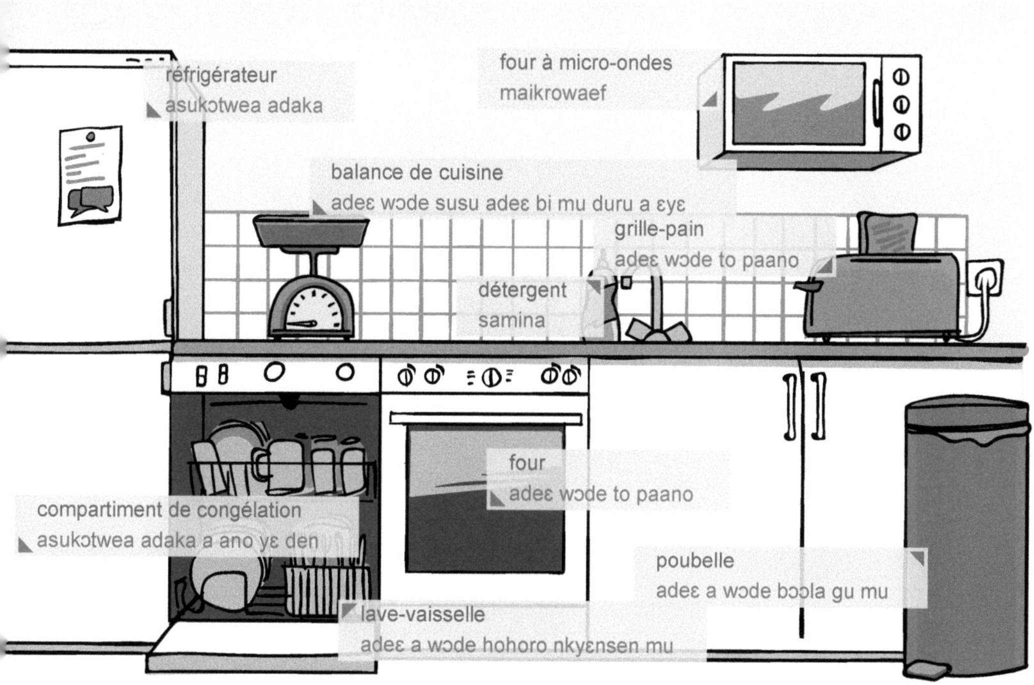

réfrigérateur
asukɔtwea adaka

four à micro-ondes
maikrowaef

balance de cuisine
adeɛ wɔde susu adeɛ bi mu duru a ɛyɛ

grille-pain
adeɛ wɔde to paano

détergent
samina

compartiment de congélation
asukɔtwea adaka a ano yɛ den

four
adeɛ wɔde to paano

poubelle
adeɛ a wɔde bɔɔla gu mu

lave-vaisselle
adeɛ a wɔde hohoro nkyɛnsen mu

cuisinière
adeɛ a wɔde noa aduane

marmite
kukuo

cocotte en fonte
dadesɛn

wok / kadai
wok / kadai

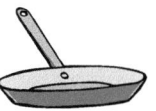

poêle
pan

bouilloire
adeɛ wɔde noa nsuo

cuiseur à vapeur
nea yɛde ka aduane hye

plaque à pâtisserie
adeɛ wɔto so paano

vaisselle
nkyɛnsen a wɔdidi mu

grande tasse
kuruwa

bol
kyɛnsen

baguettes
nnua a wɔde didie

louche
kwantere

spatule
atere

fouet
adeɛ wɔde nu adeɛ mu

passoire
sɔneɛ

tamis
sɔneɛ

râpe
adeɛ a wɔde twi adeɛ

mortier
waduro

barbecue
adeɛ a wɔde toto nam

foyer
egya a biribiara mmɔ ho ban

cuisine - gyaade

planche à découper
adeɛ a wɔtwitwa so nnooma

rouleau à pâtisserie
adea wɔde twi nnooma

tire-bouchon
adeɛ a wɔde tu toa ano

boîte à conserves
konku

ouvre-boîte
adeɛ wɔde bie konku so

mitaine de four
nea yɛde sɔ kukuo mu

évier
adeɛ a wɔhohoro nkyɛnse wɔ mu

brosse
adeɛ a wɔde twitwi

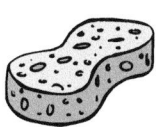
éponge
sapɔ

mélangeur
afidie wɔde yam nnuane

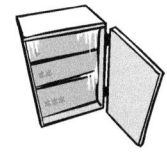
congélateur
asukɔtwea adaka a ano yɛ den

biberon
abɔfra toa

robinet
nsuo

cuisine - gyaade

salle de bains
adwareɛ

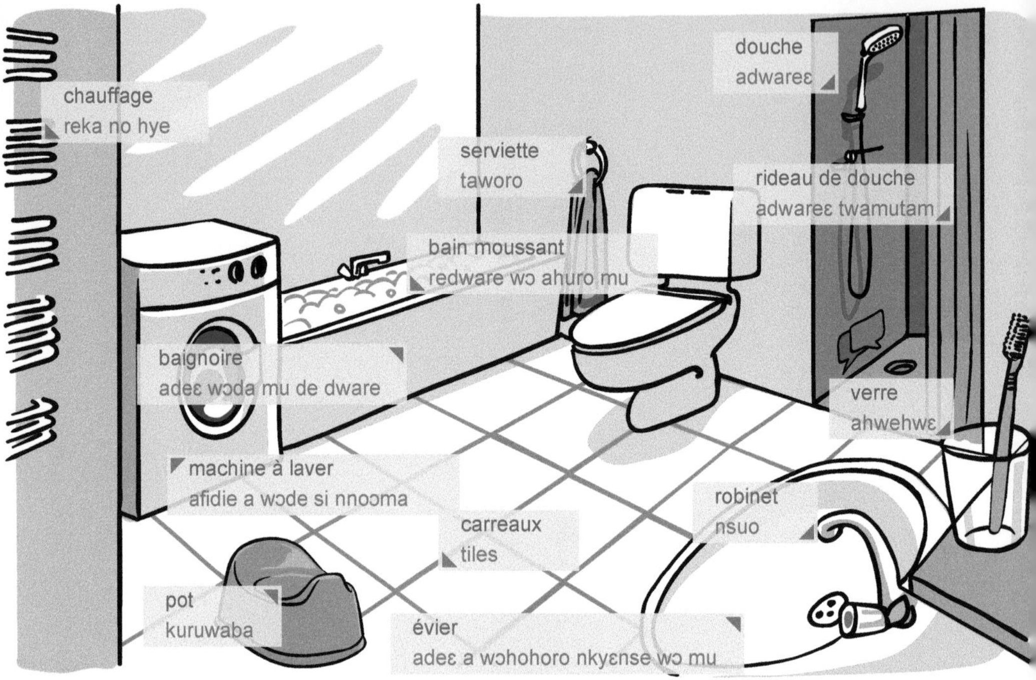

- chauffage — reka no hye
- douche — adwareɛ
- serviette — taworo
- rideau de douche — adwareɛ twamutam
- bain moussant — redware wɔ ahuro mu
- baignoire — adeɛ wɔda mu de dware
- verre — ahwehwɛ
- machine à laver — afidie a wɔde si nnooma
- robinet — nsuo
- carreaux — tiles
- pot — kuruwaba
- évier — adeɛ a wɔhohoro nkyɛnse wɔ mu

toilette
agyananbea

toilette turque
agyananbea a wɔkotoso

bidet
bidet

urinoir
dwonsɔbea

papier hygiénique
tiafi krataa

brosse à toilette
adeɛ a wɔde twitwi agyanbea

brosse à dents

adeɛ wɔde twitwiri ɛse

dentifrice

aduro wɔde twitwiri ɛse

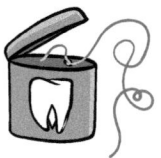

soie dentaire

adeɛ wɔde yiyi ɛse ntam

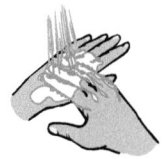

laver

si

douchette

adeɛ wɔsɔ mu de dware

douche vaginale

adeɛ nsuo fa mu na wɔde hohoro mmaa ase

cuvette

adeɛ wɔsi nnooma wɔ mu

brosse pour le dos

adeɛ wɔde twitwi yakyi

savon

samina

gel douche

adwareɛ samina

shampoing

deɛ wɔde hohoro tirinwii mu

débarbouillette

ntoma wɔde asaawa na ayɛ

drain

nsuokwan

crème

nkuu

déodorant

aduro a wɔde fa mmɔtoamu

salle de bains - adwareɛ

miroir
ahwehwɛ

miroir à main
ahwehwɛ kumaa

rasoir
yiwan

mousse à raser
aduro a wɔde yi

après-rasage
aduro a wɔde sera beaɛ wayi

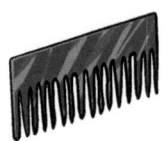

peigne
afe

brosse
brɔsh

sèche-cheveux
afidie a wɔde ka nwii ma no wo

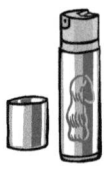

laque
adeɛ wɔde aduro gu mu de gu nwii so

maquillage
adeɛ wɔde yɛn wɔn anim

rouge à lèvres
adeɛ wɔde keka ano

vernis à ongles
aduro a wɔde ka mmɔwerɛ so

ouate
asaawa

ciseaux à ongles
apasoɔ a wɔde twitwa mmɔwerɛ

parfum
aduham

salle de bains - adwareɛ

trousse de toilette

baage a wɔde nnooma gu
mu wɔ adwareɛ

tabouret

akonwa

pèse-personne

afidie a wɔde susu adeɛ bi
mu duro

peignoir

ataadeɛ wɔhyɛ berɛ a
wɔrekɔdware

gants de caoutchouc

adeɛ wɔde hyɛ wɔn nsa a
wɔde rɔba na ayɛ

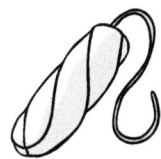

tampon

adeɛ wɔde twe nsuo firi
pirakuro mu

serviette hygiénique

deɛ mmaa de siesie wɔn ho
berɛ wɔn abu wɔn nsa

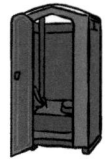

toilette chimique

agyananbea a wɔde nnuro
kora

salle de bains - adwareɛ

chambre d'enfant
abɔfra dan mu

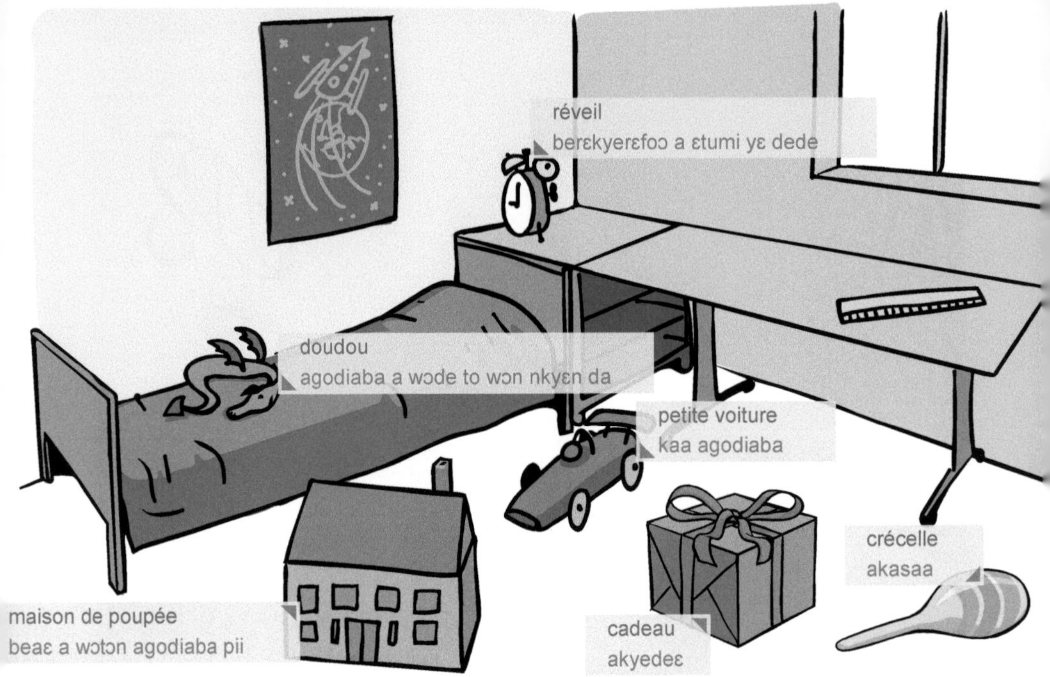

réveil — berɛkyerɛfoɔ a ɛtumi yɛ dede

doudou — agodiaba a wɔde to wɔn nkyɛn da

petite voiture — kaa agodiaba

maison de poupée — beaɛ a wɔtɔn agodiaba pii

cadeau — akyedeɛ

crécelle — akasaa

ballon
baluu

lit
mpa

landau
adeɛ a wɔde mmɔfra to mu pia wɔn

jeu de cartes
nkrataa a ɛhyɛ adaka mu

casse-tête
mfonin asiniasini a wɔkeka si ani hyehyɛ

bande dessinée
mmɔfra aseresɛm nwoma

blocs LEGO
lego bricks

jeu de briques
blɔks a wɔde si dan

figurine articulée
mmɔfra agodiaba

dormeuse
mmɔfra ataade a wɔayɛ abɔ mu

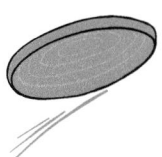
disque volant
frisbee

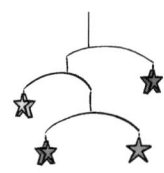
mobile
agodiaba a wɔde sensɛne mmɔfra mpa so

jeu de société
agorɔ a ɛwɔ pono so

dé
ludu aba

ensemble de modèles de train
ketekye ketewa

mannequin
adeɛ a wɔde hyɛ mmɔfra anumu

fête
apontoɔ

livre d'images
krataa mfonin wɔ mu

balle
bɔɔlo

poupée
agodiaba

jouer
di agorɔ

chambre d'enfant - abɔfra dan mu

bac à sable

adeɛ wɔde anwea agu mu a mmɔfra di mu agorɔ

balançoire

adonko

jouets

agodiaba

console de jeu vidéo

afidie abɛɛfo agodie wɔ so a wɔbɔ

tricycle

dadepɔnkɔ a ne nan yɛ mmiensa

ours en peluche

sisire agodiaba

garde-robe

wɔdrop

vêtements
ataadeɛ

chaussettes

adeɛ a wɔhyɛ ansa na wahyɛ mpaboa

bas

ataade tenten a wɔhyɛ wɔ wɔn nan ho

collant

ataadeɛ a ɛkyekyere deɛ wahyɛ no

vêtements - ataadeɛ

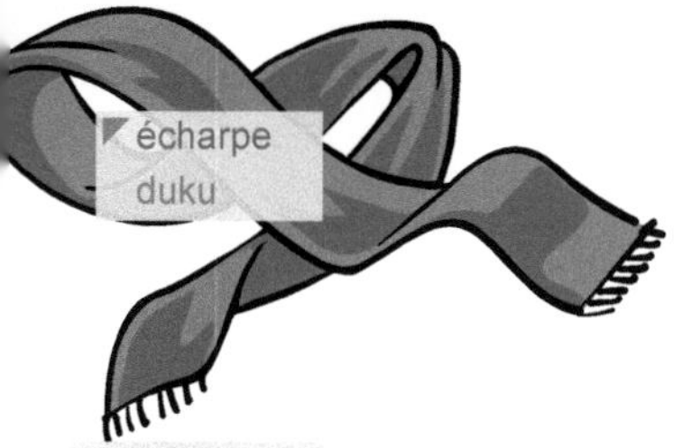

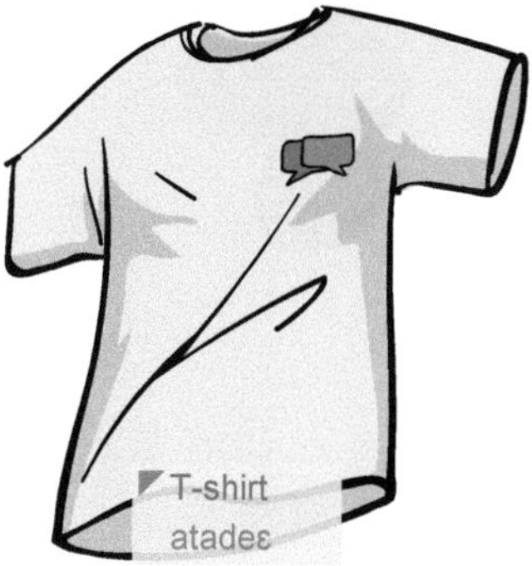

écharpe
duku

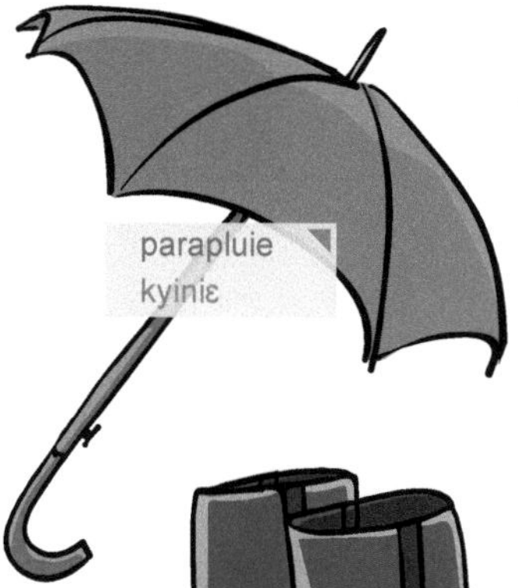

ceinture
abɔɔmu

parapluie
kyiniɛ

T-shirt
atadeɛ

chaussures de sport
mpaboa

bottes
mpaboa

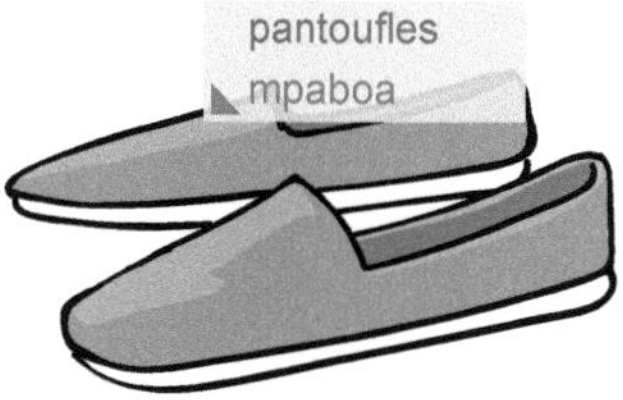

pantoufles
mpaboa

sandales
....
mpaboa

souliers
....
mpaboa

bottes de caoutchouc
....
rɔba mpaboa

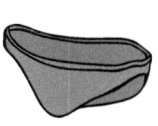

sous-vêtements
....
drɔs

soutien-gorge
....
adeɛ mmaa hyɛ de kora
wɔn nufu

gilet
....
fɛst

vêtements - ataadeɛ

body
nipadua

pantalon
trɔsa

jean
gyins

jupe
skɛɛte

chemisier
mmaa ataade soro

chemise
ataadesoro

chandail
swata

chandail à capuche
ataadeɛ a ɛkyɛ wɔ mu

blazer
kootu

veste
ataade ngusoɔ

manteau
kootu

manteau de pluie
ataadeɛ wɔhyɛ berɛ nsuo retɔ

complet
ataadehyɛ

robe
ataadeɛ

robe de mariée
ayifrɔ atadeɛ

vêtements - ataadeɛ

tailleur	chemise de nuit	pyjama
ataade nkatasoɔ	ataadeɛ a yɛhyɛ de da	pigyamas

sari	foulard	turban
sari	duku	duku

burqa	cafetan	abaya
ataadeɛ Nkramofoɔ mmaa hyɛ na ɛkata wɔn tiri so de kɔsi wɔn nan ase	kaftan	abaya

maillot de bain	maillot short	culotte courte
ataadeɛ a wɔhyɛ de dware nsuo mu	nika	nika

survêtement	tablier	mitaines
traksuit	ntoma a wɔde kata wɔn kɔnmu berɛ wɔreyɛ aduane	adeɛ wɔde hyɛ wɔn nsa

vêtements - ataadeɛ

bouton
batin

lunettes
ahwehwɛniwa

bracelet
adeɛ wɔde to wɔn nsa

collier
kɔnmuade

bague
kawa

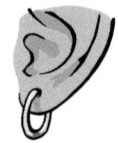

boucle d'oreille
asomadeɛ

tuque
ɛkyɛ

cintre
adeɛ a wɔde kootu hyɛ so

chapeau
ɛkyɛ

cravate
abɔɔmenemu

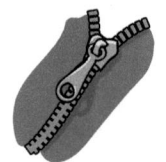

fermeture à glissière
zip

casque
ɛkyɛ a wɔhyɛ de twi motosakre

bretelles
bresis

uniforme scolaire
sukuu ataadeɛ

uniforme
ataadeɛ

vêtements - ataadeɛ

bavoir

adeɛ a wɔde gu abɔfra kɔn mu berɛ a wɔredidi

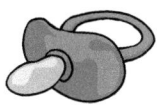

mannequin

adeɛ a wɔde hyɛ mmɔfra anumu

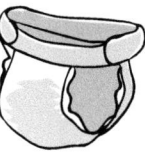

couche

moase tam

bureau
ɔfise

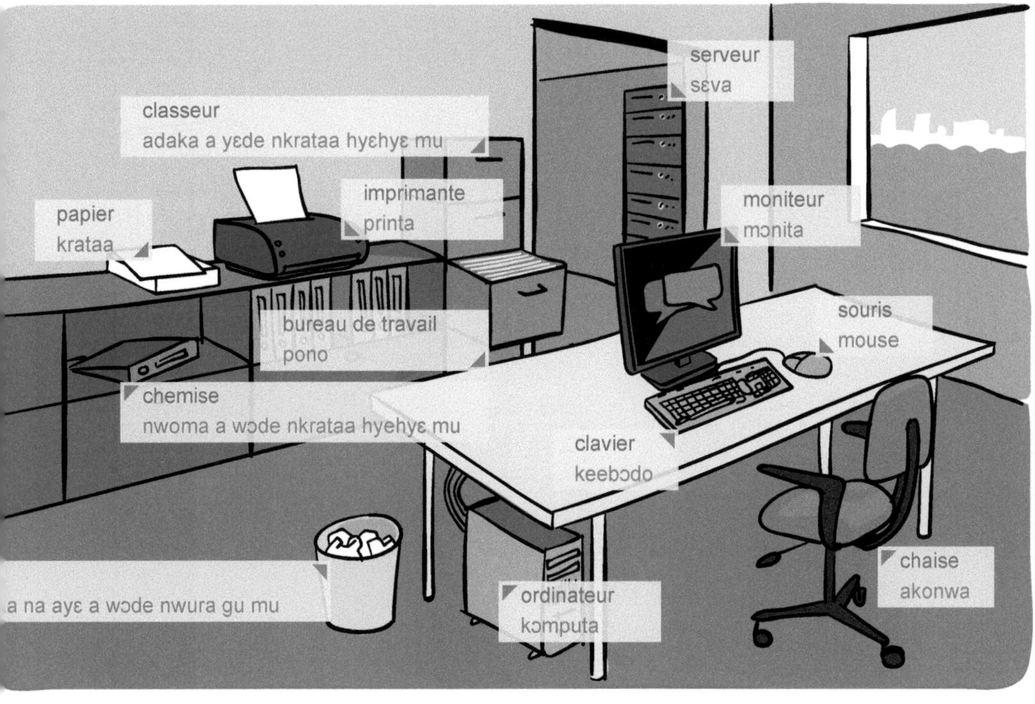

- serveur / sɛva
- classeur / adaka a yɛde nkrataa hyɛhyɛ mu
- imprimante / printa
- papier / krataa
- moniteur / mɔnita
- bureau de travail / pono
- souris / mouse
- chemise / nwoma a wɔde nkrataa hyɛhyɛ mu
- clavier / keebɔdo
- a na ayɛ a wɔde nwura gu mu
- ordinateur / kɔmputa
- chaise / akonwa

grande tasse à café

kɔfe kuruwa

calculatrice

afidie a wɔde bu nkɔnta

Internet

intanɛt

ordinateur portable
laptɔp

lettre
krataa

message
nkratoɔ

téléphone cellulaire
mobile

réseau
nɛtwɛk

photocopieur
fotokɔpia

logiciel
sɔftwɛɛ

téléphone
tetefon

prise de courant
plɔg sɔkɛti

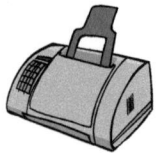
télécopieur
fax afidie

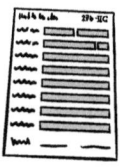
formulaire
krataa

document
krataa

bureau - ɔfise

économie
sikasem

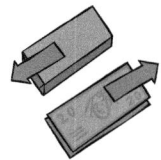

acheter
tɔ

payer
tua

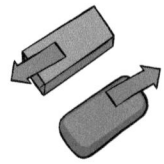

commercer
tɔn

argent
sika

USD

dollar
dollar

EUR

euro
euro

JPY

yen
yen

RUB

rouble
rouble

CHF

franc suisse
Swiss franc

CNY

renminbi yuan
renminbi yuan

INR

roupie
rupee

distributeur de billets
sikabea

bureau de change

baabi aa yɛsesa

or

sikakɔkɔɔ

argent

dwetɛ

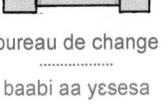

pétrole

ngo

énergie

ahoɔden

prix

ne boɔ

contrat

nteaseɛ a ɛwɔ krataa so

taxe

ɛtoɔ

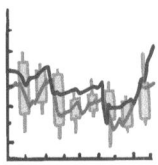

actions

stock

travailler

yɛ adwuma

employé

odwumayɛni

employeur

obi a wafa obi adwumamu

usine

afidihyehyɛbea

magasin

beaɛ a wɔton adeɛ

économie - sikasem

professions
nnwuma ahodoɔ

agent de police
polisini

pompier
gyadumni

cuisinier
obi a wɔnoa aduane

docteur
dɔkota

pilote
obi a wɔtwi ewiemhyɛn

jardinier
kuani

charpentier
nnuaseni

couturier
ɔbaa a wɔpam adeɛ

juge
otɛnmuani

pharmacien
dufrani

acteur
siniyifoɔ

professions - nnwuma ahodoɔ　　　53

chauffeur d'autobus
hyɛnkani

chauffeur de taxi
taxi drɔba

pêcheur
ɔfarifo

femme de ménage
ɔbaa wɔpopa beaɛ

couvreur
obi a wɔbɔ dan so

serveur
barima a wɔsom wɔ beaɛ a wotɔn aduane

chasseur
ɔbɔmɔfo

peintre
obi wɔde akaado keka ɛden ne nnoɔma aka ho

boulanger
brodotofo

électricien
obi a wɔyɛ nkaneɛ ho adwuma

constructeur de bâtiments
dansifo

ingénieur
obi a wɔyɛ mfidie akɛseɛ ho adwuma

boucher
namtɔnfo

plombier
obi a wɔhyehyɛ drobɛn a nsuo fa mu

facteur
obi a wɔde nkrataa a amanfoɔ atwerɛ soma no

professions - nnwuma ahodoɔ

soldat
ɔsrani

architecte
obi a wɔyɛ adansie ho adwuma

caissier
obi a wɔhwɛ sika so

fleuriste
obi a wɔtɔn nhwiren

coiffeur
obi a wɔyɛ tire

chef de train
deɛ wɔgyegye sika wɔ ɛhyɛn mu

mécanicien
obi a wɔsiesie ɛhyɛn

capitaine
panin

dentiste
dɔkota a wɔhwɛ se

scientifique
abodeɛmu nyasapɛni

rabbin
ɔkyerɛkyerɛni

imam
imam

moine
monk

ecclésiastique
sofo

professions - nnwuma ahodoɔ

outils
akadeɛ

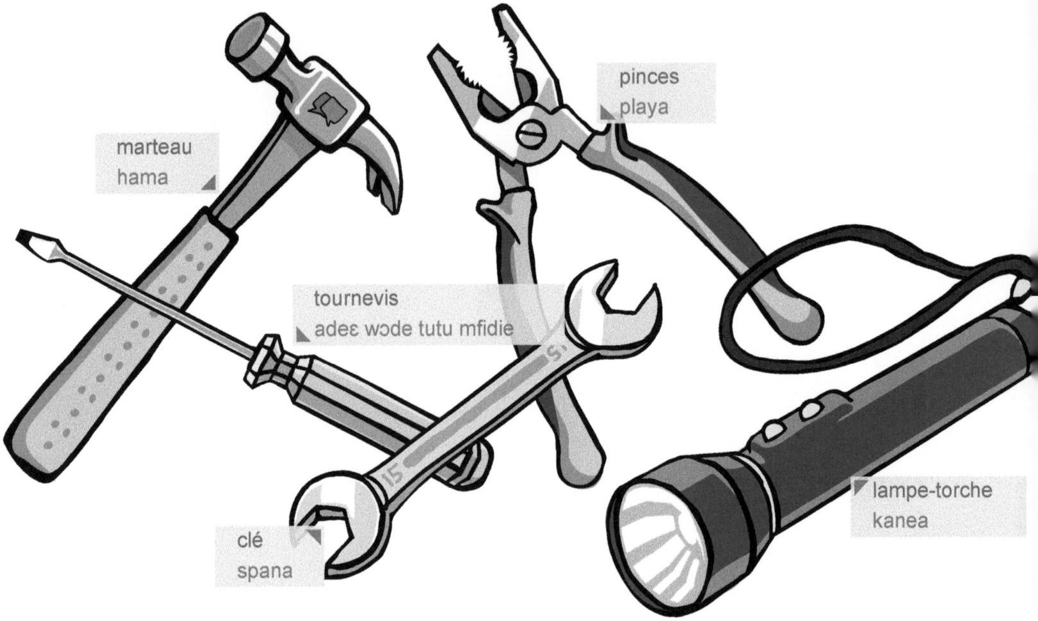

marteau
hama

pinces
playa

tournevis
adeɛ wɔde tutu mfidie

clé
spana

lampe-torche
kanea

excavatrice

afidie a wɔde tu fam

boîte à outils

adaka a wɔde nnooma a wɔde yɛ adwuma gu mu

échelle

atwedeɛ

scie

sradaa

clous

nnadowa

perceuse

afidie a wɔde mmia nnooma mu

réparer
siesie

pelle
sɔfi

tabarnouche
Yieee!

pelle à poussière
asesa nwura

pot de peinture
akaado kora

vis
dadeɛ wɔde bobɔ nnooma mu

instruments de musique
mfidie a wɔde bɔ nnwom

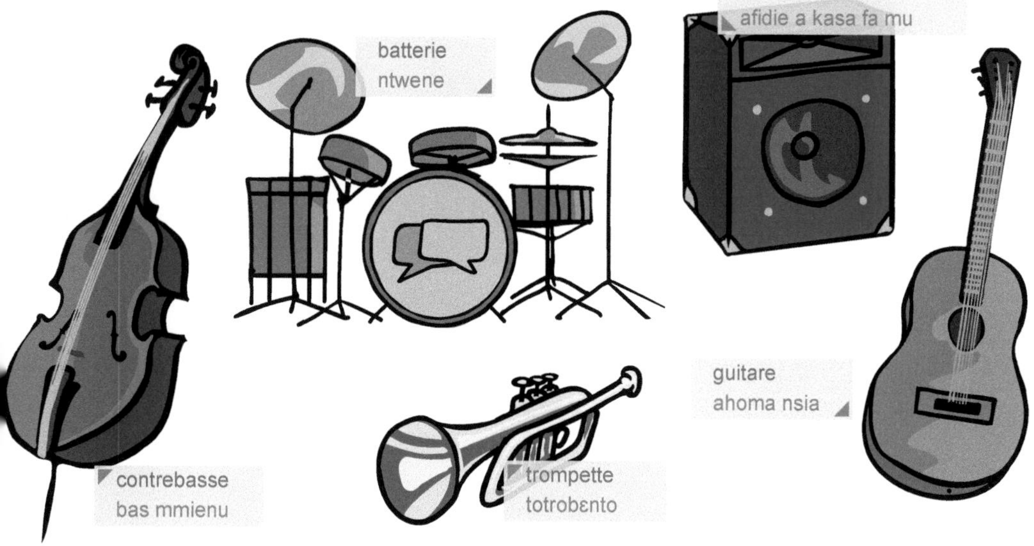

- contrebasse / bas mmienu
- batterie / ntwene
- haut-parleur / afidie a kasa fa mu
- trompette / totrobɛnto
- guitare / ahoma nsia

piano
sankuo

violon
sankuo

basse
ahoma nsia

timbales
timpani

tambour
ntwene

synthétiseur
sankuo

saxophone
sasofon

flûte
trobɛnto

microphone
akasanoma

zoo
mmoakurabea

entrée
baabi a wɔfra wura m

tigre
sebo

cage
ɛban

zèbre
sare so afurum

nourriture pour animaux
mmoa aduane

panda
kankane

animaux
mmoa

éléphant
ɔsono

kangourou
kangaroo

rhinocéros
bɛnkorɔ

gorille
akaatia

ours
sisire

zoo - mmoakurabea

chameau
yoma

autruche
sohori

lion
gyata

singe
kontromfi

flamand rose
asukɔnkɔn

perroquet
ako

ours polaire
sisire

pingouin
penguin

requin
oboodede

paon
kohaa

serpent
ɔwɔ

crocodile
dɛnkyɛm

gardien de zoo
mmoasohwɛfo

phoque
sukraman

jaguar
sebɔ

zoo - mmoakurabea

poney
pɔnkɔ ketewa

léopard
etwie

hippopotame
susono

girafe
kɔntenten

aigle
ɔkɔdeɛ

sanglier
kɔkɔte

poisson
nsuomunam

tortue
sudanda

morse
sukraman

renard
sakraman

gazelle
adowa

zoo - mmoakurabea

sports
agokansie

activités
dwumadie ahodoɔ

avoir
gye

faire
yɛ

être
yɛ

être debout
gyina

courir
tu mirika

tirer
twe

jeter
to

tomber
tɔ fam

s'allonger
twa ntorɔ

attendre
twɛn

porter
soa

s'asseoir
tena ase

s'habiller
hyɛ atadeɛ

dormir
da

se réveiller
sɔre

activités - dwumadie ahodoɔ

regarder
hwɛ

pleurer
su

caresser
fa wo nsa fefa ho

peigner
nunu wotirim

parler
kasa

comprendre
te aseɛ

demander
bisa

écouter
tie

boire
nom

manger
didi

ranger
siesie

aimer
dɔ

cuisiner
noa

conduire
ka kaa

voler
tu

activités - dwumadie ahodoɔ

faire de la voile
ka

calculer
bo ho nkonta

lire
kan

apprendre
sua

travailler
yɛ adwuma

se marier
ware

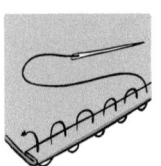

coudre
pam

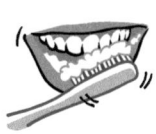

brosser les dents
twitwi wo se

tuer
kum

fumer
hye

envoyer
soma

famille
abusua

grand-mère
nanabaa

grand-père
nana barima

père
papa

mère
maame

bébé
abɔfra

fille
babaa

fils
babarima

invité
ɔhɔhoɔ

tante
sewaa

oncle
wɔfa

frère
nua barima

sœur
nuabaa

famille - abusua

corps
nipadua

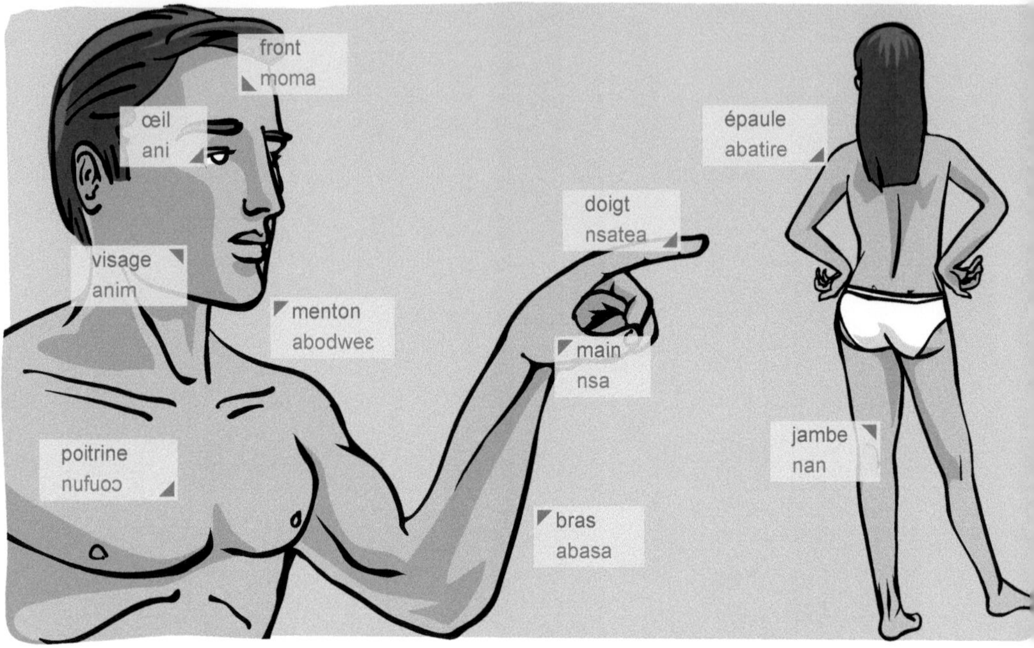

- front — moma
- œil — ani
- visage — anim
- menton — abodwɛɛ
- poitrine — nufuɔ
- doigt — nsatea
- main — nsa
- bras — abasa
- épaule — abatire
- jambe — nan

bébé
abɔfra

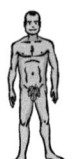

homme
barima

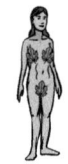

femme
ɔbaa

fille
abaayewa

garçon
abarimaa

tête
ɛtire

68   corps - nipadua

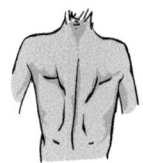	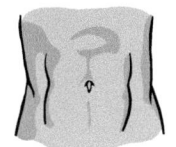	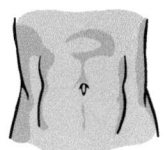
dos	ventre	nombril
akyi	yafunu	furuma
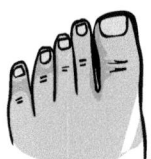	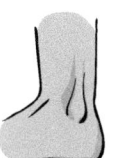	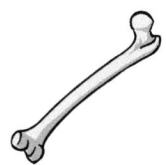
orteil	talon	os
nansoa	nantini	dompe
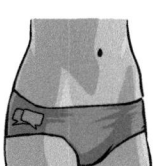	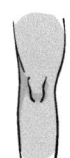	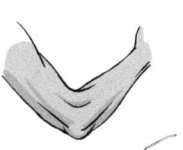
hanche	genou	coude
sisi	kotodwe	abatwerɛ
		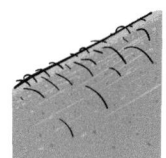
nez	derrière	peau
hwene	ɛtoɔ	wedeɛ
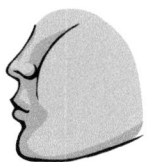	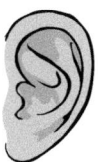	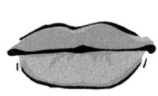
joue	oreille	lèvre
afono	aso	ano

corps - nipadua

bouche
ano

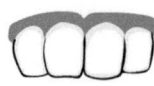
dent
ɛse

langue
tɛkyerɛma

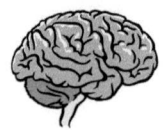
cerveau
adwene

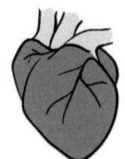
cœur
akoma

muscle
honam

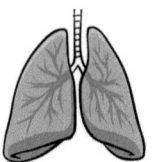
poumon
ahrawa

foie
brɛbɔɔ

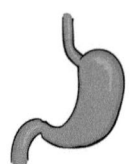
estomac
afuro

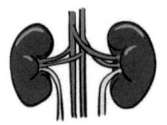
reins
sawa

rapport sexuel
barima ne ɔbaa nna mu nhyiamu

condom
kɔndɔm

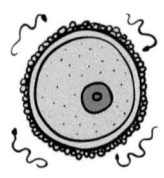
ovule
nkosua a ɛwɔ obaa mu

sperme
barima ho nsuo

grossesse
nyinsɛn

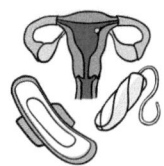

menstruation
brayɔ

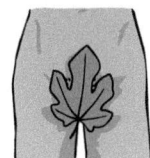

vagin
ɛtwɛ

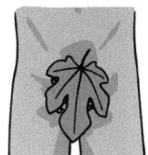

pénis
kɔteɛ

sourcil
aniakyi nwii

cheveux
nwii

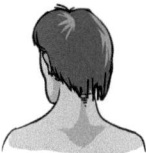

cou
kɔn

corps - nipadua

hôpital
asopiti

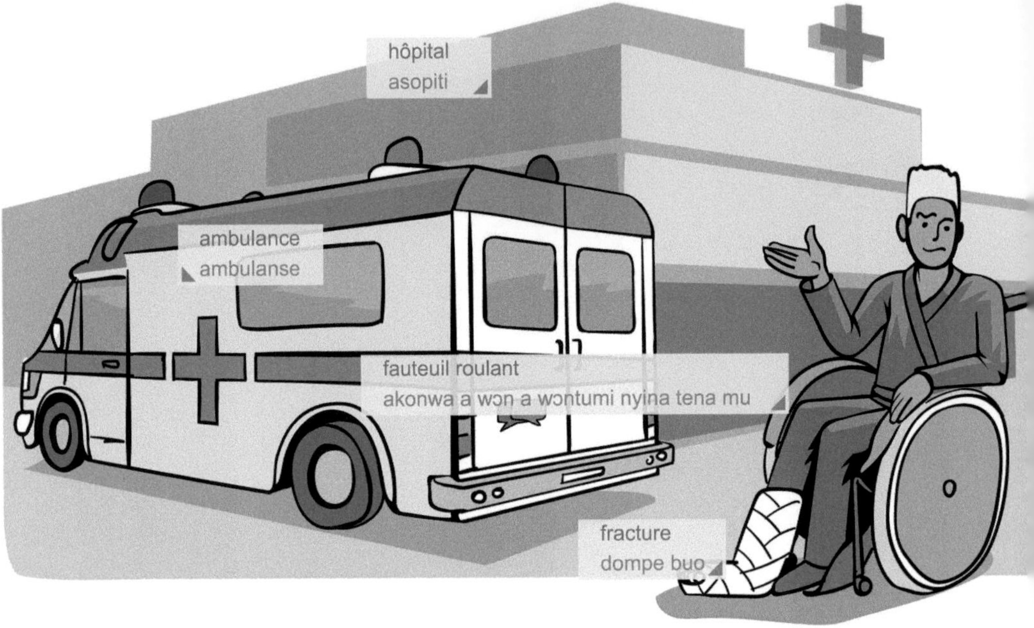

- hôpital / asopiti
- ambulance / ambulanse
- fauteuil roulant / akonwa a wɔn a wɔntumi nyina tena mu
- fracture / dompe buo

docteur
dɔkota

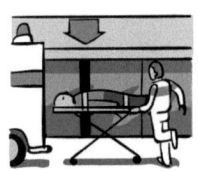

salle des urgences
ɛdan a wɔde wɔn a wɔn
apira kɔ mu kɔhwɛ wɔn
ahare so

infirmier
nɛɛse

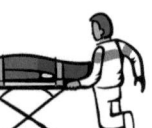

urgence
putupru

inconscient
fenti

douleur
yaw

blessure
pira

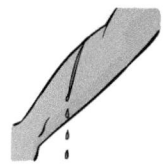
saignement
mogyatuo

crise cardiaque
akoma yareɛ

AVC
nwodwoɔ yareɛ

allergie
adeɛ wo honam mpɛ

toux
ɛwa

fièvre
ahoɔhyeɛ

grippe
papu

diarrhée
ayɛmhwie

mal de tête
tiripayɛ

cancer
kokoram

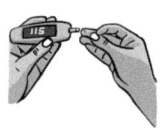
diabète
asikyire yareɛ

chirurgien
dɔkotani wɔpaepae obi sa no yareɛ

scalpel
sekamma

opération
repaepae obi ho asa no yareɛ

hôpital - asopiti

tomodensitométrie
CT

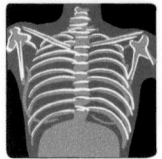

radiographie
x-ray

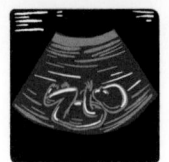

ultrason
mfonin a wɔtwa de hwɛ awodeɛ mu

masque
anim nkatadeɛ

maladie
yareɛ

salle d'attente
dan aa yɛtwɛn wɔ mu

béquille
klɔkye

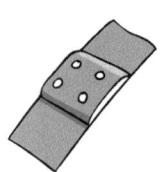

sparadrap
plasta

bandage
bandege

injection
paneɛ

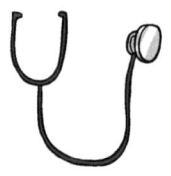

stéthoscope
afidie a wɔde tie dede wɔ nnipa ho

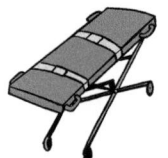

brancard
mpa

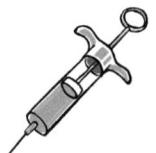

thermomètre médical
afidie wɔde hwɛ ahoɔhyeɛ

accouchement
awoɔ

excès de poids
kɛseyɛ mmorosoɔ

hôpital - asopiti

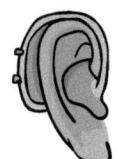

appareil auditif

afidie a ɛboa ma obi teasɛm yie

désinfectant

aduro a wɔde ko tia yaremmoa bateria

infection

yareɛ nsaeɛ

virus

yaremmoawa

VIH / Sida

HIV / AIDS

médicament

aduro

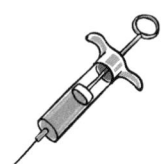

vaccination

nsianoaduru paneɛwɔ

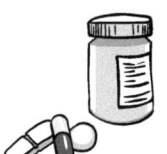

comprimés

nnuro a wɔmene

pilule

aduro a wɔmene

appel d'urgence

putupru frɛ

tensiomètre

afidie a wɔde hwɛ sɛdeɛ mogya di aforosane

malade / en bonne santé

yareɛ / ahuɔden

hôpital - asopiti

urgence
putupru

Au secours !
Boa me!

alarme
alam

assaut
repira obi

attaque
to hyɛ biribi so

danger
amaneɛ

sortie de secours
kwan a wɔfa so pue berɛ asɛm asi putupuru

Au feu !
Egya!

extincteur
adeɛ a wɔde dum gya

accident
akwanhyia

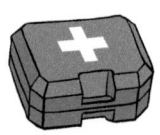

trousse de premiers soins
mmoa a edikan akadeɛ

SOS
SOS

police
polisi

Terre
Ewiase

Europe
Europe

Amérique du Nord
North America

Amérique du Sud
South America

Afrique
Africa

Asie
Asia

Australie
Australia

océan Atlantique
Atlantic

océan Pacifique
Pacific

océan Indien
Indian Ocean

océan Antarctique
Antartic Ocean

océan Arctique
Arctic Ocean

Pôle Nord
North Pole

Pôle Sud
South Pole

Antarctique
Atartica

Terre
Ewiase

terre
asaase

mer
ɛpo

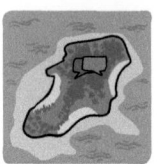

île
ɛpoano

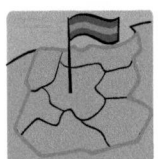

nation
ɔman

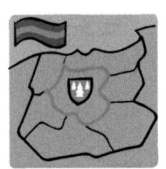

État
ɔman

heure
mmerɛ kyerɛfoɔ

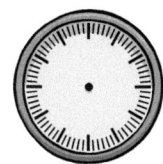

cadran
mmerɛ kyerɛfoɔ no anim

aiguille des heures
dɔnhwere nsa

aiguille des minutes
sima nsa

aiguille des secondes
anitɛtɛ nsa

Quelle heure est-il ?
Abɔ sɛn?

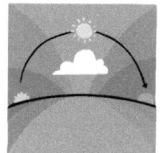

jour
da

temps
mmerɛ

maintenant
seisei ara

montre à affichage numérique
abɛɛfo mmerɛ kyerɛfoɔ

minute
sima

heure
dɔnhwere

semaine
nnawɔtwe

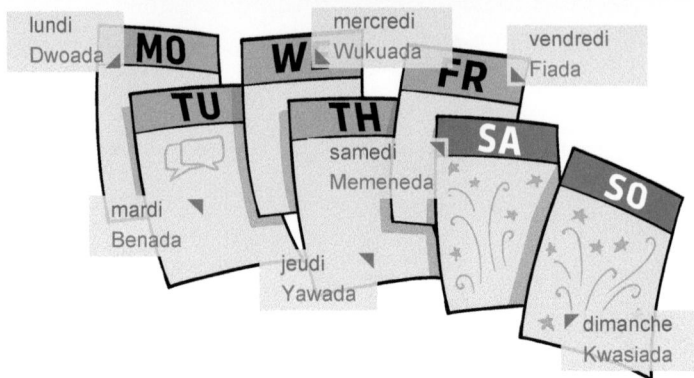

lundi
Dwoada

mardi
Benada

mercredi
Wukuada

jeudi
Yawada

vendredi
Fiada

samedi
Memeneda

dimanche
Kwasiada

hier

ɛnora

aujourd'hui

nnɛ

demain

ɔkyena

matin

anɔpa

midi

awia

soir

anwummerɛ

jours ouvrables

adwuma nna

fin de semaine

nnawɔtwe awieɛ

année
afe

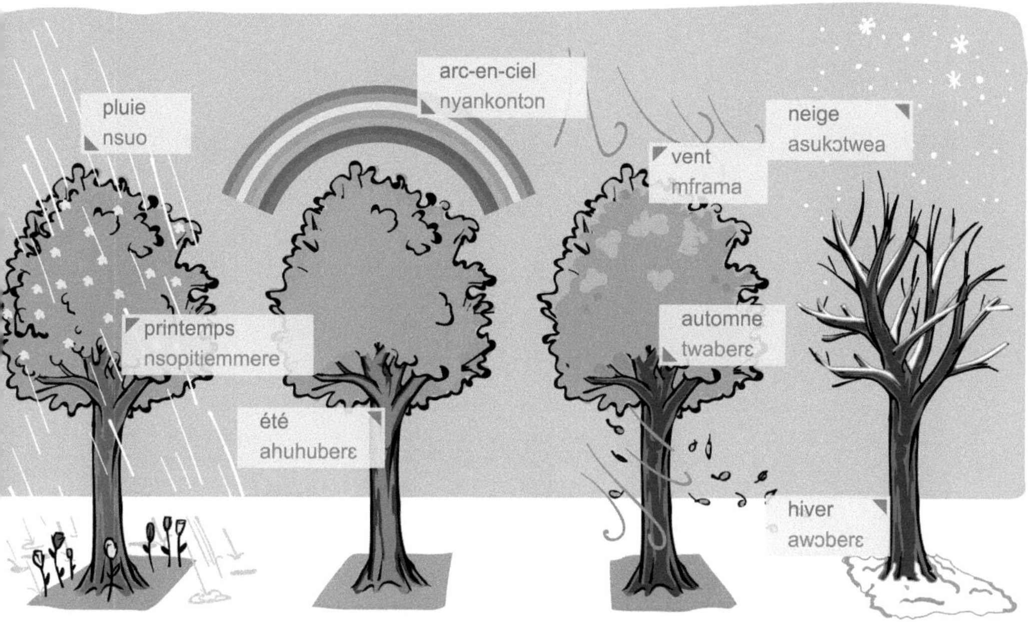

pluie
nsuo
arc-en-ciel
nyankontɔn
neige
asukɔtwea
vent
mframa
printemps
nsopitiemmere
automne
twaberɛ
été
ahuhuberɛ
hiver
awɔberɛ

4.APRIL 11°
5.APRIL 4°
6.APRIL 13°
7.APRIL 8°
8.APRIL 10°

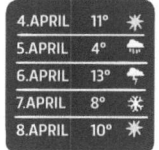

prévisions météorologiques

ewiemu nsesaeɛ

F C
120 40
90 30
60 20
30 10
0 0
-30 -10
-20

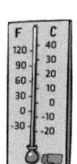

thermomètre

afidie a wɔde hwɛ ahoɔhyeɛ

rayons du soleil

awiabɔ

nuage

munumkum

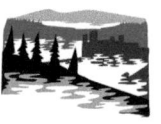

brouillard

ɛbɔ

humidité

nsuo a ɛwɔ mframa mu

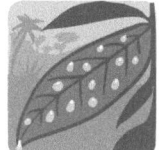

foudre
ayerɛmo

tonnerre
agradaa

tempête
nsuden ne mframa

grêle
sukɔtwea

mousson
mframa a ɛde nsuo ba

inondation
nsuyiri

glace
asukɔtwea

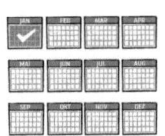
janvier
ɔpɛpɔn

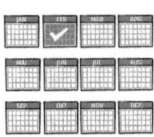
février
ɔgyefoɔ

mars
ɔbɛnem

avril
Oforisuo

mai
Kotonimaa

juin
Ayɛwohumumɔ

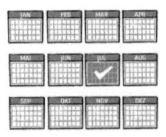
juillet
Kitawonsa

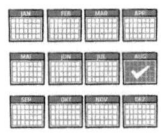
août
ɔsanaa

année - afe

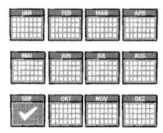
septembre
εbɔ

octobre
Ahinime

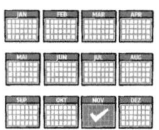
novembre
Obubuo

décembre
Ɔpɛnimaa

formes
bɔbea

cercle
kanko

carré
ahenanan

rectangle
fasene

triangle
ahinasa

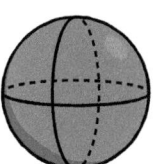
sphère
kanko

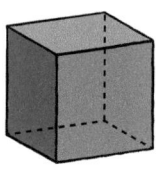
cube
ahenanan

couleurs
ahosuo

blanc
fitaa

jaune
akokɔsradeɛ

orange
akokɔsradeɛ

rose
memen

rouge
kɔkɔɔ

violet
beredum

bleu
bibire

vert
ahabanmono

marron
dodoeɛ

gris
nson

noir
tuntum

opposés
abirabɔ

beaucoup / un peu

bebree / ketewa

en colère / calme

abufuo / brɛo

beau / laid

fɛfɛɛfɛ / tantantan

début / fin

ahyɛasee / awieɛ

grand / petit

kɛseɛ / ketewa

lumineux / sombre

ɛhyerɛ / ɛdum

frère / sœur

nua barima / nuabaa

propre / sale

ɛho te / ɛfi

complet / incomplet

wawie / onwieeyɛ

jour / nuit

anopa / anadwo

mort / vivant

wawu / ɔtease

large / étroit

emu bue / emu mmueɛ

comestible / non comestible

yetumi di / yentumi nni

méchant / gentil

bɔne / papa

être enthousiaste / s'ennuyer

anigyeɛ / w'ani nka

gros / mince

kɛseɛ / hwea

premier / dernier

di kan / ka akyi

ami / ennemi

adanfo / atanfo

plein / vide

ayɛ ma / hwee nnimu

dur / mou

dendenden / mrɛmrɛmrɛ

lourd / léger

emu ye duru / emu yɛ ha

faim / soif

ɛkɔm / nsukɔm

malade / en bonne santé

yareɛ / ahuɔden

illégal / légal

ɛnfa mmrakwanso / mmrakwanso

intelligent / stupide

nimdifo / gyimifo

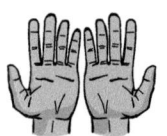

gauche / droite

benkum / nifa

proche / loin

ɛbɛn / ɛmu ware

opposés - abirabɔ

neuf / usagé
foforo / dada

rien / quelque chose
ɛnyɛ hwee / biribi

vieux / jeune
panyin / abɔfra

marche / arrêt
sɔ / dum

ouvert / fermé
bue / yatom

calme / bruyant
dinn / dede

riche / pauvre
sikani / ohiani

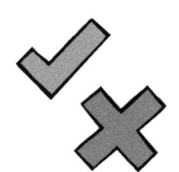

correct / incorrect
papa / bɔne

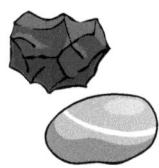

rugueux / lisse
wewerɛwewerɛ / tromtrom

triste / heureux
awerehoɔ / anigye

court / long
tiatia / tentene

lent / rapide
brɛoo / ntɛm

mouillé / sec
afɔ / awo

chaud / froid
ɛyɛ hye / adwo

guerre / paix
ntɔkwa / asomdwoe

nombres
nɔma

0 zéro / ohunu

1 un / baako

2 deux / mmienu

3 trois / mmiensa

4 quatre / nan

5 cinq / num

6 six / nsia

7 sept / nson

8 huit / nwɔtwe

9 neuf / nkron

10 dix / du

11 onze / du-baako

12
douze
du-mmienu

13
treize
du-mmiensa

14
quatorze
du-nan

15
quinze
du-num

16
seize
du-nsia

17
dix-sept
du-nson

18
dix-huit
du-nwɔtwe

19
dix-neuf
du-nkron

20
vingt
aduonu

100
cent
ɔha

1.000
mille
apem

1.000.000
million
ɔpepe

langues
kasa ahodoɔ

anglais
Brofo kasa

anglais américain
Amerika Brɔfo

chinois mandarin
Chinese Mandarin

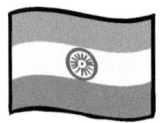

hindi
Hindi

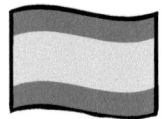

espagnol
Spanish

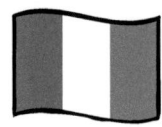

français
French

arabe
Arabic

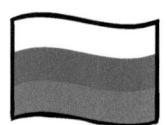

russe
Russian

portugais
Portuguese

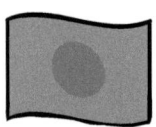

bengali
Bengali

allemand
German

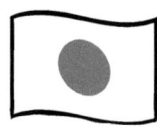

japonais
Japanese

qui / quoi / comment
hwan/aden/ sɛn

je
me

tu
wo

il / elle / ce, c', cela
ɔno

nous
yɛn

vous
wo

ils / elles
wɔn

qui ?
hwan?

quoi ?
aden?

comment ?
sɛn?

où ?
ɛhefa?

quand ?
dabɛn?

nom
din

où
hefa

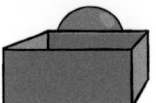

derrière

n'akyi

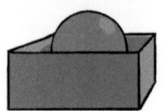

dans

ɛmu

devant

wɔ n'anim

au-dessus

soro

sur

so

en dessous

asɛɛ

à côté de

nkyene

entre

ntam

endroit

fa hyɛ